Publications de **L'UNION MÉDICALE**, Année 1853.

# ÉTUDES HISTORIQUES

## SUR LES PRINCIPAUX

# ÉTABLISSEMENS THERMAUX

# DES PYRÉNÉES

## AU POINT DE VUE

# DE LA FORTUNE PUBLIQUE.

PAR LE DOCTEUR

## ERNEST LAMBRON,

Médecin des épidémies de l'arrondissement de Châteauroux,
Ancien interne des hôpitaux de Paris, membre de la Société anatomique,
Lauréat de l'Académie impériale de médecine.

## PARIS,

## TYPOGRAPHIE FÉLIX MALTESTE ET Cᵉ,

Rue des Deux-Portes-Saint-Sauveur, 22.

1853

# TABLE DES MATIÈRES.

# ÉTUDES HISTORIQUES

SUR LES PRINCIPAUX

## ÉTABLISSEMENS THERMAUX

# DES PYRÉNÉES

AU POINT DE VUE

## DE LA FORTUNE PUBLIQUE.

PAR LE DOCTEUR

## ERNEST LAMBRON,

Médecin des épidémies de l'arrondissement de Châteauroux,
Ancien interne des hôpitaux de Paris, membre de la Société anatomique,
Lauréat de l'Académie impériale de médecine.

Publications de **L'UNION MÉDICALE**, Année 1853.

## PARIS,

### TYPOGRAPHIE FÉLIX MALTESTE ET Cᵉ,

Rue des Deux-Portes-Saint-Sauveur, 22.

1853

# ÉTUDES HISTORIQUES



## PRINCIPAUX ÉTABLISSEMENS THERMAUX

# DES PYRÉNÉES

### AU POINT DE VUE DE LA FORTUNE PUBLIQUE.

Depuis une vingtaine d'années, tous les établissemens d'eaux minérales en France, et surtout les établissemens thermaux des Pyrénées,
ont pris une incroyable extension. Ce n'est pas, à notre avis, un simple
entraînement de mode, c'est la conséquence nécessaire d'une connaissance plus approfondie de ces moyens thérapeutiques, de leur application plus savante aux maladies et de l'emploi plus efficace de modes balnéaires nouveaux. Mais je crois qu'il faut aussi tenir bon compte des
facilités de transport que des routes nombreuses et surtout celles de ces
montagnes ont mises à la disposition des malades. Je n'en veux pour
preuve que le grand nombre de personnes souffrantes qui, aujourd'hui,
préfèrent se rendre aux eaux des bords du Rhin, par la raison seule
que le voyage se fait sans fatigue et très rapidement. Ce choix n'est pas

toujours le mieux approprié à la maladie ; les eaux puissantes des Pyrénées seraient souvent bien plus convenables ; mais que de gens pour qui le temps est précieux et les heures comptées ! Cependant, déjà aux Eaux-Bonnes, à Barèges, à Cauterêts, à Luchon, à Vernet, etc., des malades viennent de tous les points du continent : de l'Espagne, de l'Angleterre, de l'Allemagne, de l'Italie, de la Turquie, de la Russie, etc., et même de New-York, d'Égypte, etc., etc.; que sera-ce donc lorsque, dans quelques années, deux chemins de fer, déjà fort avancés, celui de Marseille et celui de Bayonne, conduiront de Paris aux deux extrémités de la chaîne pyrénéenne et seront reliés par une troisième voie ferrée, celle de Bordeaux à Montpellier, qui passera devant le front de ces bienfaisantes montagnes ? On ne saurait, en ce moment, calculer tout l'accroissement que pourra prendre cette richesse territoriale ; mais en présence de la prodigieuse quantité d'argent que dès aujourd'hui les eaux minérales de France font circuler chaque année, cette question mérite bien qu'on l'étudie. Le gouvernement s'en est ému, et je crois être certain que l'une de ses plus vives préoccupations est de retenir ou d'appeler dans ce pays par tous les moyens possibles, agrandissement, embellissemens, et surtout ressources médicales et savoir éminent de ses inspecteurs, les nombreux capitaux que la facilité du transport, l'aisance de la vie et les plaisirs attirent aux eaux étrangères.

L'efficacité des eaux minérales françaises n'est pas seulement connue de l'Europe entière, ainsi que nous le disions plus haut; leur juste renommée tend chaque jour à se répandre dans toutes les parties du monde ; les eaux de Vichy et celles des Eaux-Bonnes s'exportent déjà depuis New-York jusqu'à Canton. Il nous serait facile de démontrer les services incontestés qu'elles rendent à l'humanité souffrante, et les cas morbides nombreux qui, chaque année, vont y retrouver la santé et la vie ; mais ce n'est pas là le but de cet article ; nous nous proposons seulement de les étudier au point de vue financier, c'est-à-dire de démontrer la part extrêmement importante qu'elles prennent à la circulation du numéraire, et, en rappelant les phases de leur accroissement, de juger de leur avenir par leur passé. Or, la circulation de l'argent n'est-elle pas une des plus grandes questions vitales des sociétés ; la source de l'aisance et de la richesse générales ! Nulle part plus qu'aux eaux ne s'est fait sentir le trouble apporté à la fortune publique par les guerres et les commotions politiques. Que n'a pas eu à souffrir, dans ces dernières années, la population besogneuse des travailleurs pyrénéens ?

Ce travail aurait sans doute beaucoup plus d'intérêt s'il embrassait toutes les eaux minérales de France, mais nos études, plus spécialement appliquées aux bains des Pyrénées, ne nous permettent de donner quelque certitude qu'aux calculs appliqués aux établissemens thermaux de cette chaîne.

Il est digne de remarque que presque toutes les sources minérales, qui sortent en grand nombre des flancs de ces montagnes, se trouvent sur le versant nord ou versant français. Du côté de l'Espagne, on ne compte que trois établissemens thermaux : *Penticouse*, le plus important ; les *bains de Venasque*, dans la vallée de ce nom ; et *Caldès de Bui*, dans la vallée d'Aran, ces deux derniers plus que modestes. Du côté de la France, il y a plus de 250 sources réparties entre trente établissemens compris dans les cinq départemens frontières. J'en ai analysé 178, et ce travail a eu l'honneur d'être couronné par l'Académie impériale de médecine. Nous allons successivement passer en revue les thermes les plus importans, d'après l'ordre dans lequel ils se présentent, en suivant la chaîne de son extrémité occidentale à son extrémité orientale.

### § I. Département des Basses-Pyrénées.

#### 1° Cambo.

Cambo attire les malades par deux sources de minéralisation différente : l'une sulfureuse et l'autre ferrugineuse, qui se prêtent un mutuel et puissant appui. Il est souvent précieux, en effet, de pouvoir joindre la médication ferrugineuse à la médication sulfureuse, et réciproquement. Mais cet établissement trouve une non moins grande importance dans sa situation riante et fraîche au pied des montagnes, dans sa proximité de Bayonne et des bains de mer de Biarritz, dans sa position rapprochée de la frontière d'Espagne et de la grande route de Madrid.

Ces eaux sont très en faveur auprès des Espagnols, qui tous les ans s'y rendent en grand nombre. Napoléon I<sup>er</sup> les visita en 1808, lors de la guerre d'Espagne. Déjà ces thermes étaient assez en renom pour que l'Empereur conçût le projet d'y fonder un vaste établissement militaire, qui devait servir de succursale à Barèges, dont les sources étaient insuffisantes aux besoins des nombreux blessés, et où des querelles, des rixes s'élevaient continuellement entre les militaires et les bourgeois. Il avait même affecté une somme de 150,000 francs à cette généreuse création que les événemens politiques et quelques autres raisons n'ont pas permis de réaliser. Mina, célèbre partisan espagnol, y vint en 1834 et 1835 pour y guérir ses blessures trop nombreuses et trop graves.... Le conseil général du département, prenant en considération l'importance de ces bains, leur accorda, pendant quelques années, une subvention pour être employée en améliorations. Mais, en 1843, M. Fugalde, riche propriétaire, s'en fit le véritable restaurateur. Un meilleur aménagement des sources, la reconstruction de l'établissement, tous les travaux d'embellissemens ont été exécutés à ses frais, quoique ces thermes appartiennent à la commune ; celle-ci, en retour, lui en a concédé la ferme jusqu'en 1883.

Beaucoup de malades vont avec fruit chercher la santé à Cambo ; beaucoup plus d'habitans valides de Bayonne en font un lieu de plaisance et viennent y jouir des premières douceurs du printemps et des derniers beaux jours de l'automne. Aussi, les bains de Cambo ont-ils deux saisons bien distinctes ; la première commence en mai et finit vers la mi-juin, la seconde au 1<sup>er</sup> septembre et se termine le 15 octobre. Pendant ces deux mois et demi d'intervalle et des fortes chaleurs, Cambo cède le pas aux bains de mer de Biarritz, dont la petite population est constamment augmentée de 2,000 baigneurs durant toute la saison ; mais, par réciprocité, Biarritz lui envoie une bonne portion de sa population voyageuse, lorsque la saison refroidie ne permet plus l'usage de ses bains renommés. Cette seconde saison d'automne est la plus suivie, car c'est le temps des vacances, et beaucoup de familles s'y rendent en partie de plaisir.

On ne peut pas estimer à moins de 1,200 le nombre de personnes qui viennent annuellement aux eaux de Cambo, et de 200,000 francs l'argent qu'ils y laissent, soit pour les frais du traitement, de la nourriture et du logement, soit pour les dépenses que nécessitent les fêtes, les excursions dans les montagnes et le pays basque, et toutes les autres jouissances que ses hôtes, pour la plupart, sont avides de se donner.

### 2° Eaux-Chaudes et Eaux-Bonnes.

Ces deux établissemens n'en forment réellement plus qu'un, depuis qu'ils ont été considérablement rapprochés ; d'une part, par la facile et douce promenade horizontale ; de l'autre, par la route admirable tracée par le savant et intrépide M. Cailloux, dans la gorge effroyable du Gave de Gabas, exécutée par l'habile M. Menard, et parcourue aujourd'hui, plusieurs fois par jour, par des omnibus. On doit considérer les Eaux-Chaudes comme le complément des Eaux-Bonnes. Aux Eaux-Bonnes, en effet, on ne va guère chercher qu'une boisson bienfaisante ; les sources ne sont ni assez assez chaudes, ni assez abondantes pour servir à donner des bains efficaces. Donc, toutes les fois qu'à la boisson il est nécessaire de joindre l'usage des eaux en bains, douches, étuves, etc., etc., il est préférable que les malades aillent les prendre aux Eaux-Chaudes. Cette petite course n'a rien de fatigant et encore moins de dangereux ; la route est bonne et les voitures bien closes. D'ailleurs, dans d'autres localités thermales, à Cauterêts, par exemple, les baigneurs qui vont aux établissemens du Pré ou du Bois, ne mettent pas moins de temps à s'y faire conduire dans des chaises à porteur, beaucoup moins commodes et beaucoup moins chaudes.

Cet appui réciproque et complémentaire n'empêche pas chacun de ces thermes d'avoir sa clientèle propre.

*a.* Les *Eaux-Chaudes* furent en réputation bien avant les Eaux-Bonnes. Pendant plus d'un siècle, de 1470 à 1590, les souverains de

Navarre en firent leur séjour de plaisirs, de joyeux ébats et d'amours ; ils y menaient belle et joyeuse vie , disent les mémoires du temps ; et c'est sans doute à ce rendez-vous de galanteries plus qu'à une vertu réelle pour guérir la stérilité, qu'elles durent leur nom d'*impregnardères* (engrosseuses). Ces bains gardent encore le souvenir de Gaston de Foix, de Marguerite de Valois, la *Marguerite des Marguerites* ; d'Henri II, de Jeanne d'Albret, mère de Henri IV ; de ce bon Roi ; de la gracieuse Marguerite de Navarre, etc., etc. Par l'avénement de cette famille au trône de France , les Eaux-Chaudes perdirent peu à peu de leur splendeur. Il n'y avait pas alors de routes et l'état des chemins ne permettait guère qu'elles fussent fréquentées par d'autres que par les habitans des contrées circonvoisines ; les malades n'y arrivaient que portés sur les épaules des belles femmes de Laruns. Aussi, quand M. le duc de Larochefoucauld s'y rendit en 1671, elles étaient tombées dans un oubli presque complet, qui durait encore en 1745 ; car à cette époque une commission, nommée par les états de Béarn, trouva les bains dans un désordre affreux : « Il n'est pas possible que des honnêtes gens puissent y résider, » disent-ils dans leur rapport. La sollicitude intéressée de ces états leur rendit un peu de leur importance, de sorte qu'en 1763, d'après les instances de M. le chevalier de Maucor, commandant de la vallée d'Osseau , la ville de Laruns emprunta 150,000 francs pour faire élever successivement , de 1763 à 1781, le château, les établissemens du Roy et de l'Esquirette. Durant ce temps, l'intendant de la province d'Aquitaine, M. Megat d'Etigny, dont le nom reviendra souvent dans le cours de ces études, avec les actes d'une administration la plus habile et la plus dévouée à l'avenir de ce pays, M. d'Etigny, dis-je, faisait construire, en 1751, la belle route de Pau à Laruns, chef-lieu de canton des deux établissemens thermaux ; puis, de 1776 à 1778, la route des Eaux-Chaudes par le col du Hourat. Délaissées de nouveau pendant la première révolution, l'habileté de ses inspecteurs les remit en faveur au commencement de ce siècle. Enfin, il y a quelques années, comme elles ne suffisaient plus aux exigences de l'époque et qu'elles ne supportaient plus qu'avec peine la rivalité des autres établissemens thermaux des Pyrénées, la commune de Laruns, cédant aux sollicitations réitérées du savant inspecteur Samonzet, dirigée par M. de Livron et soutenue par MM. les préfets Le Roy, Duchatel et Azevedo, vota la construction du bel établissement actuel qui, commencé en 1841, ne fut terminé qu'en 1850. Elle concourut à la dépense pour 140,000 francs, le département pour 40,000 francs, et l'État pour 80,000 francs. De plus, la route nouvelle, qui fut livrée au mois de juillet 1849, a coûté 120,000 francs, dont 85,000 francs payés par le gouvernement, et 35,000 francs par la commune et le département.

L'accroissement successif de leur produit ne nous semble pas moins important pour juger de la prospérité de ces thermes.

En 1763, lorsqu'elles furent confiées à la direction de M. de Maucor, les Eaux-Chaudes ne rapportaient que 500 f. ; en 1787, leur produit était déjà de 3,200 ; après la Révolution, il s'accrut successivement, au point d'atteindre, en 1840, 8,000 fr. Mises en régie, les registres démontrent qu'en 1847, il a été distribué 17,971 bains, qui ont produit 9,229 fr. de recette ; en 1848, 19,468 bains, qui ont donné 9,408 fr. Le nombre des baigneurs s'est élevé, la première année, à 1,391, et la seconde à 1419. En calculant sur une moyenne de 10 fr. par malade et par jour, pendant vingt jours, cela donne une dépense de 280,000 fr., faite, à chaque saison, dans ce pays.

*b.* Nous avons déjà dit qu'on venait aux *Eaux-Bonnes* de presque toutes les parties de l'Europe, et même du nouveau continent. Cette grande et lointaine renommée leur vient des cures nombreuses et souvent inespérées qu'elles opèrent, principalement parmi les affections des organes respiratoires.

Leur réputation commença à l'occasion des bons effets qu'elles produisirent sur les plaies d'arquebuse que Jean d'Albret, aïeul de Henri IV, et les Béarnais ses compagnons d'armes, avaient reçues à la bataille de Pavie, en 1525. Ce brillant succès leur valut le nom d'*Eaux-des-Arquebusades*. Plus tard, elles furent fréquentées par Marguerite d'Anjou, que la galanterie avait proclamée la quatrième grâce et la dixième muse ; par Marguerite de Navarre, sœur de François Ier, laquelle s'y rendit souvent pendant ses divers séjours aux Eaux-Chaudes; et par Henri IV qui s'y plaisait beaucoup. Michel Montaigne, ce mordant critique de la médecine et des médecins, ce spirituel sceptique qui croyait cependant en l'efficacité des eaux minérales, y vint aussi, vers 1660, et les appela *Gramontoises* du nom de Gramont, famille puissante du Béarn, chez laquelle il avait reçu la plus gracieuse hospitalité. Mais, comme les meilleures choses d'ici-bas, elles eurent leur moment d'oubli, au point qu'en 1744, Labaig en faisait la triste description suivante, en leur rendant le nom d'*Aigues-Bonnes :* « On arrive par un » chemin fort escarpé, mais cependant praticable à cheval ; on ne sau- » rait décrire la tristesse de ce lieu sauvage ; on n'y trouve ni feu, ni » lieu ; pour tout logement, il n'y a que deux misérables cabanes rem- » plies de mauvais lits, où l'homme le moins délicat ne saurait se » résoudre à coucher. Là, fort indécemment et en liberté, sont con- » fondus pêle-mêle les malades d'un sexe différent ; mais ce qui doit » surprendre davantage, c'est qu'on n'y trouve aucune ressource pour » y subsister, point d'auberge, point de pourvoyeur. » Mais Bordeu, vers 1760, en les appliquant plus particulièrement à la guérison des affections de poitrine, commença véritablement leur réputation actuelle. Depuis lors, leur prospérité s'est constamment accrue, et ces thermes, qui, en 1770, ne rapportaient que 3 livres tournois, produisirent plus de 2,000 fr. lorsque la grande et habile administration de M. de Castellane, préfet des Basses-Pyrénées, eut fait construire, en 1806, la route de Laruns à Bonnes. Aujourd'hui, elles sont affermées par la commune d'Aas, à laquelle elles appartiennent, 13,000 f., sans compter les charges imposées au fermier, qu'on évalue à 6,000 f. Depuis 1836, plus de quinze hôtels à trois et à quatre étages y ont été construits; le nombre des malades qui s'y rendent chaque année dépasse 4,000, et l'on ne peut évaluer, à moins de 800,000 fr. à un million, l'argent laissé dans cette localité. A ce chiffre déjà fort important, il faut ajouter le prix des bouteilles exportées, et dont le nombre, toujours croissant, dépasse 200,000 par an ; à 1 fr. la bouteille, cette vente verse donc encore environ

100,000 fr. dans ce pays pour l'eau et le verre, et laisse une égale somme au profit du commerce et du roulage.

### § II. Département des Hautes-Pyrénées.

#### 1° Cauterets.

Les bains de Cauterets sont des plus anciennement connus parmi les thermes Pyrénéens. On trouve, en effet, des ruines romaines sur la fontaine de César, qui, suivant la tradition du pays, devrait ce nom à l'honneur d'avoir guéri d'une maladie grave ce grand conquérant.

Cauterets fut longtemps un tout petit hameau élevé autour de cette fontaine, sur le flanc de la montagne Perraute, d'où sortaient quelques autres sources formant ensemble aujourd'hui le groupe de l'Est. L'une d'entre elles fut appelée *Source des Espagnols*, en souvenir de la guérison qu'elle procura à Abarca, premier roi d'Aragon, atteint d'une maladie dangereuse. Cette dénomination lui fut toujours conservée, par suite de la préférence que ne cessèrent de lui donner les nombreux malades qui, chaque année, s'y rendent d'Espagne. Une autre, appelée aujourd'hui source Bruzaud, avait reçu de Marguerite de Navarre le nom poétique de *Fontaine d'Amour*, en raison de sa réputation contre la stérilité. Ces sources firent longtemps partie du patrimoine des comtes de Bigorre, jusqu'à ce que Raymond, l'un d'eux, les donnât en 943 aux moines de l'abbaye de Saint-Savin, à la charge d'y construire une église à Saint-Martin, et, pour les malades, des logemens qui ont porté longtemps le nom de *Cabanes des Pères*. Ceux-ci, en 1520, vendirent la source la plus fréquentée alors, la Fontaine d'Amour, à M. Duprat Canarie. Mais lorsqu'on eut découvert les sources du Midi, et surtout la Raillère (en 1630), qui sort au milieu d'éboulemens descendus du mont Peguère, des maisons nouvelles furent bâties entre ces deux groupes de sources, à 400 pieds plus bas au fond de la vallée, sur la rive gauche du gave. Telle est l'origine de Cauterets, qui forme aujourd'hui un gros bourg, disons mieux, une petite ville de 900 à 1,000 habitans.

Du temps de Bordeu, vers le milieu du siècle dernier, les sources n'étaient encore couvertes que de mauvaises cabanes. L'établissement que le duc de Richelieu, gouverneur de la Guyenne, si fameux par ses galanteries, avait fait élever sur la Raillère, ne consistait qu'en une espèce de hangar, abritant quelques baignoires en bois, et une buvette. Le bel établissement actuel de cette source ne fut construit qu'en 1805 sur les ruines des *Bains-Richelieu*, qu'un incendie avait complètement détruits. La Fontaine d'Amour avait beaucoup perdu de sa renommée; M. Bruzaud, son nouveau propriétaire, parvint à la lui rendre, en amenant la source, au moyen de conduits souterrains, du flanc de la montagne, dans un joli petit établissement, bâti, en 1798 et 1799, dans Cauterets même. Ce succès, et le nombre toujours croissant des baigneurs, engagèrent plusieurs particuliers à tirer également profit des sources qu'ils possédaient. On vit alors s'élever successivement les établissemens de Pauze, de Rieumisette, du Pré et de St-Sauveur. La commune fit construire le petit établissement du Bois avec ses deux piscines ; et, en 1843, après un essai de plusieurs années dans un établissement provisoire en planches, elle exécuta ce qu'avaient conseillé M. Orfila et Bordeu un siècle avant lui. Elle fit descendre de la montagne, à l'aide de 300 mètres de conduits qui pourraient être mieux disposés, les sources des Espagnols dans une construction monumentale élevée au milieu de la ville. Cette dépense, dont je ne connais pas le chiffre, a dû s'élever au moins à 100,000 francs. Les seules sources non pourvues d'établissemens, sont Mahourat et Bayard, simples buvettes, et celle des œufs, souvent perdue au milieu des eaux furieuses du gave de Marcadaii. La source de César, au milieu de ses ruines, ne sert que comme buvette, et pour le remplissage des bouteilles destinées à l'exportation.

Les thermes les plus beaux, les plus confortables, les mieux disposés, les Espagnols, la Raillière, le Bois, appartiennent à la commune de Saint-Savin, qui, depuis la révolution, a succédé aux moines de son abbaye ; les autres, propriétés particulières, les deux Pauze, Bruzaud, Rieumissette, le Pré, le petit Saint-Sauveur, laissent beaucoup à désirer. C'est d'ailleurs une remarque facile à faire généralement dans les Pyrénées, que les établissemens thermaux qui n'appartiennent pas aux vallées ou à des compagnies, sont dans un état peu convenable, et souvent loin d'être en rapport avec la valeur médicale des sources. Les particuliers qui, pour la plupart, vivent avec le produit annuel de leurs sources, ne peuvent faire l'avance d'une mise de fonds aussi considérable que celle nécessaire à donner à l'établissement thermal l'importance qu'il mérite, tout en sentant bien que ce serait là le meilleur moyen d'accroître leur fortune ; aussi a-t-on plusieurs fois agité sérieusement la question de les en déposséder pour cause d'utilité publique.

L'antique réputation et le mérite bien fondé des bains de Cautérêts y attirent chaque année beaucoup de baigneurs. Ces eaux et celles des Pyrénées-Orientales sont celles que préfèrent les Espagnols ; ils s'y rendent en très grand nombre. Le chiffre annuel des baigneurs s'élève à plus de 4,500, et celui de l'argent apporté dans le pays dépasse 1,200,000 fr. Nous n'avons pas de données assez certaines pour dire combien ajoute encore à cette somme la vente des bouteilles remplies par la source César.

### 2° Saint-Sauveur.

Saint-Sauveur n'a pas l'importance des bains qui précèdent, malgré l'immense faveur dont il a joui pendant plus de vingt ans. La connaissance de ces sources ne remonte pas également très loin ; Bordeu n'en parle pas, d'où l'on est en droit de conclure qu'elles n'étaient pas encore utilisées il y a moins d'un siècle. Un évêque de Tarbes, exilé à Luz, s'il ne les a pas découvertes dans l'acception du mot, a du moins l'honneur de les avoir signalées à ses concitoyens, en faisant élever, sur le lieu même de ces sources, une petite chapelle, et de les avoir dénommées, en gravant, sur la façade de ce petit temple, cette inscription : « *Vos haurietis aquas de fontibus salvatoris.* » Mais leur réputation vient de l'abbé Bezegua, professeur à la Faculté de droit de Pau, qui, il y a environ soixante-dix ans, fut guéri, par leur usage, de coliques néphrétiques que les eaux de Barèges avaient empirées. Il publia sa

cure dans des termes si laudatifs et qui peignaient si bien sa reconnaissance, que, depuis lors, la célébrité de ces eaux a toujours été croissant. Au commencement de ce siècle, les malades s'y rendaient en
grand nombre de tous les départemens voisins, puis leur renommée
gagna Paris, et, sous la Restauration, elles eurent une vogue des plus
brillantes, grâce au séjour qu'y firent successivement M<sup>me</sup> la duchesse
d'Angoulême et M<sup>me</sup> la duchesse de Berry. À cette époque, de beaux
hôtels s'y élevèrent tour à tour, au point qu'on en compte aujourd'hui
une vingtaine, et la commune fit couvrir ses eaux d'un charmant petit
établissement. Depuis la chute de la branche aînée, tout ce qu'il y avait
de factice, dans cette splendeur d'étiquette et de bon ton, est tombé avec
elle ; il ne s'y rend plus que de véritables malades.

Cependant, ces eaux, si douces et si calmantes, attirent encore chaque
année à Saint-Sauveur plus de 500 baigneurs, principalement des enfans
et des personnes nerveuses, à constitution faible, délicate, impression-
nable. La ferme des eaux est de 6,325 fr., plus 900 fr. de frais à la
charge du fermier ; on évalue à 150,000 fr. l'argent versé dans le pays,
et dans ce chiffre je ne fais pas entrer les dépenses des nombreux touristes, qui ne peuvent aller visiter le célèbre et majestueux cirque
de Gavarnie sans s'arrêter dans le coquet village de St-Sauveur.

3° Barèges.

Qui n'a pas entendu parler des eaux de Barèges ? Il semble que cet
établissement thermal ait retenu pour lui seul toute la célébrité des eaux
sulfureuses des Pyrénées ; on va même jusqu'à désigner sous ce nom les
bains sulfureux *artificiels* ; *bains de Barèges*, n'est-ce pas une réclame
écrite sur l'enseigne de tous les établissemens de bains de nos grandes
villes ? D'où vient donc cette renommée générale et presque exclusive ?
En première ligne sans doute de l'efficacité incontestable de ses eaux,
mais aussi de la protection dont les souverains et le gouvernement n'ont
cessé d'entourer ces thermes. Le journal consacré à la publication des
cures opérées par les eaux sulfureuses des Pyrénées, et que Bordeu

intitula, *Journal de Barèges*, ne contribua pas peu non plus à agran-
dir cette célébrité.

Ces sources furent connues, dit-on, dès le xe siècle ; mais situées dans
une vallée très élevée, à 1,304 mètres au-dessus de la mer, et d'un accès
difficile (on n'y arrivait alors que par le col du Tourmalet, à 2,195
mètres d'élévation), les indigènes seuls en faisaient usage, et presque
toujours avec succès. Fagon, médecin de Louis XIV, ayant accompagné
à Bagnères-de-Bigorre le jeune duc du Maine, atteint, par suite de con-
vulsions, d'une rétraction musculaire de la jambe, difformité qu'aucun
moyen chirurgical n'avait pu guérir, rencontra ces sources dans les
excursions botaniques qu'il faisait au milieu des montagnes pour charmer
ses loisirs. Séduit par les cures miraculeuses qu'on leur attribuait et par
leurs bons effets qu'il constata sur plusieurs baigneurs, il fit part de son
observation au roi. D'après ses conseils, Mme de Maintenon, l'année
suivante, en 1765, y conduisit son élève chéri. Un succès remarquable
couronna cet essai et commença la véritable réputation de ces eaux.
Barèges n'était alors qu'un petit hameau composé de quelques barraques
annuelles, c'est-à-dire qu'on élevait au commencement de chaque saison
et que l'hiver démolissait toujours. Les bains se prenaient en commun
dans un bassin taillé dans la pierre, sur le griffon même des sources,
et qu'une simple toiture protégeait contre les intempéries de l'air. Ses
premières constructions ne vinrent pas cependant de la reconnaissance
de Louis XIV, d'ailleurs si grand et si magnifique en toutes choses, mais
du cœur de Louis XV, qui, le premier, y envoya, aux frais de l'État, des
soldats blessés, et qui, en 1735, donna mission à Polard de construire
une route de Tarbes à Barèges. Grâce au talent de cet ingénieur, en
1744, une voiture gravissait lentement, par une pente de 0,084 milli-
mètres par mètre, sur la rive gauche de Bastan, et arrivait pour la première fois à Barèges, au grand contentement des pauvres malades
infirmes ou perclus.

Durant la confection de cette route, en 1738, Polard et Chevillard
père, fontainiers à Versailles, élevaient un petit établissement thermal
pour renfermer les sources de l'entrée, du fonds, de Polard, les douches

et la buvette. En 1775, la source ancienne étant venue tout à coup à tarir, l'inspecteur Dassieu, et Chevillard fils, fontainier de Meudon, furent chargés de la retrouver. Le gouvernement fit, en outre, construire un autre bâtiment pour les sources des Bains-Neufs, de la Chapelle et de Dassieu. En 1777, l'ingénieur Moisset, par ordre du roi, rechercha et retrouva les sources de la Chapelle et de l'entrée, qui avaient également disparu ; et, vu l'insuffisance des sources pour l'affluence des baigneurs, il bâtit deux piscines, l'une pour les militaires, l'autre pour la bourgeoisie. Il n'y a pas plus de quinze à seize ans que la troisième, celle des pauvres, a été creusée. Cette inconstance des sources vient de la grande mobilité des gisemens de schiste argileux, de calcaire, de feldespath qu'en sortant du granit, elles traversent pour arriver à la lumière. Depuis une vingtaine d'années, la source Jahan s'est perdue de même ; mais aussi, à 500 mètres au-dessous de Barèges, est apparue une source nouvelle sur laquelle M. Barzun, pharmacien de Barèges, a fait élever, en 1836, un petit établissement.

Barèges renferme quatre-vingts maisons ou hôtels, que l'industrie privée n'a pas craint de faire élever, quoiqu'ils ne puissent être utilisés que durant la saison des bains, car, le reste de l'année, le froid est trop rigoureux dans cette haute vallée, pour qu'il soit possible d'y habiter d'une manière permanente.

Le nombre des malades est annuellement d'environ 1,200, plus 400 militaires envoyés aux frais de l'État par l'administration de la guerre. Les soldats sont logés dans les sept maisons spécialement affectées à cet usage, sous le nom d'hôpital ; les officiers demeurent dans les maisons particulières, moyennant une indemnité de logement. Nous ne saurions rapporter ici les notabilités princières, scientifiques, militaires, artistiques, financières, qui, depuis le commencement de ce siècle, sont venues prendre les eaux de Barèges.

Les sources versent, en vingt-quatre heures, 200 mètres cubes d'eau. On peut donc administrer jusqu'à 400 bains par jour, outre les douches et les bains de piscine alimentés sans nuire au service des baignoires. Mis en régie par la commune de Betpouey, à laquelle ils appartiennent, ces thermes ont produit, en 1849, 30,000 fr. On estime à 500,000 fr. l'argent apporté chaque année dans cette localité thermale. A cette somme, il faut joindre le produit de l'établissement Barzun, qui donne en moyenne de 20 à 30 bains par jour, c'est-à-dire de 1,000 à 1,200 pendant la saison.

Remarquons, avant de quitter Barèges, que les eaux doivent posséder des vertus médicales bien puissantes et bien incontestables, pour avoir gardé, pendant deux cents ans, une aussi grande réputation, lorsque cet établissement a à lutter contre un climat détestable, un séjour triste, froid, humide, une nature aride et sauvage, et la rivalité des autres établissemens des Pyrénées, également sulfureux, et placés dans des conditions mille fois meilleures, mille fois préférables.

### 4° Bagnères-de-Bigorre.

Tous les établissemens que nous venons de passer en revue, comme ceux dont nous voulons plus spécialement traiter dans cette étude, renferment des eaux sulfureuses ; Bagnères-de-Bigorre fait exception, car ses sources sont salines et ferrugineuses. Chef-lieu d'arrondissement, cette ville a, par cela même, une certaine importance ; sa population fixe est de 8,000 habitans ; mais sa situation au pied des Pyrénées, ni dans la plaine, ni réellement dans la montagne, sur l'Adour, à l'entrée de la célèbre vallée de Campan, ses beaux hôtels, ses rues tenues si fraîches par des courans d'eaux vives, son climat d'été si doux, lorsque la canicule vomit tous ses feux sur le Languedoc, les sites enchanteurs qui l'entourent, etc., etc., en font une des habitations thermales les plus délicieuses de France. Aussi ne doit-on pas être surpris de voir ces sources dater de l'antiquité.

Elles furent très suivies par les Romains ; Auguste appela Bagnères *Vicus aquensis* (Bourg-des-Eaux). Henri IV, Jeanne d'Albret sa mère, le duc du Maine avec sa gouvernante, M<sup>me</sup> de Maintenon, le duc de Chartres, en 1774, y séjournèrent tour à tour ; Montaigne en parle ainsi : « J'ay veu, par occasion de mes voyages, quasi tous les bains » fameux de chrestienté ; et depuis quelques années ai commencé à m'en

» servir ; car, en général, j'estime le baingner salubre et croy que nous
» encourons nos légères incommodités en notre santé pour avoir perdu
» cette coutume qui estoit généralement observée au temps passé, quasi
» en toutes les nations..... A cette cause j'ay choisy jusqu'à cette heure
» à m'arrêter et à me servir de celles où il y avait le plus d'aménité de
» lieu, commodité de logis, de vivres et de compagnie, comme sont
» en France, les bains de Banières. » Du temps de Bordeu, qui se mo-
que, avec raison, « des libelles qu'on avait fait imprimer pour exalter
et élever les minérales de ce pays, » l'entraînement de la mode vers les
thermes de Bagnères, s'était considérablement accru, mais parmi leurs
visiteurs, les malades y étaient sans doute en petit nombre, car les bains
étaient fort mal tenus. On changeait constamment les tuyaux et l'on
mêlait souvent l'eau minérale à quelque filet de l'Adour. La Reine (du
nom de Jeanne de Navarre), une des sources principales du grand établissement actuel, coulait dans un bassin où l'on se baignait à la belle
étoile. Lassère, le Petit-Bain, n'étaient utilisées que pour les usages
domestiques, le Grand-Bain, le Roc-de-Laune étaient peu fréquentées;
Saliès, le Bain-des-Pauvres, le Prieur n'étaient pas couvertes. Les seules
sources suivies alors étaient Dumont-le-Vieux, dans un ancien établissement datant des Romains, Salut, le Pré ; celles de Lassère et d'Artigue-
Longue, appartenant chacune à un médecin.

Aujourd'hui, on compte à Bagnères, 42 sources minéro-thermales-
salines, donnant ensemble, par vingt-quatre heures, 1,938 mètres cubes,
qui permettraient d'administrer plus de 9,000 bains par jour. Elles sont
réparties entre 18 établissemens, dont un seul appartient à la commune,
car la fontaine publique de Saliès et la source ferrugineuse d'Angoulême
n'en sont pas pourvues. Ce grand établissement, dit de Marie-Thérèse,
est un monument magnifique; il renferme 6 sources, 28 cabinets de bain,
dont 22 sont précédés de vestiaires, et 4 avec lits de repos, 3 buvettes,
4 douches, 2 bains de vapeur, une étuve fumigatoire, un salon de lec-
ture, une salle de billard et un grand jardin. Tous les autres thermes
sont à des particuliers. Cette division nuit beaucoup à une bonne application médicale de ces eaux. Mais heureusement, comme l'observe judi-

cieusement M. Cuvillier-Fleury, « si les voyageurs accourent à Bagnères » de tous les points de la France, c'est beaucoup moins pour s'y gué- » rir que pour s'y distraire, et il arrive là bien plus de gens malades de » leur opulence et de leur oisiveté que d'autre chose. »

Il y a, dans le fort de la saison, jusqu'à 6,000 personnes de population flottante ; la population ordinaire de la ville est donc presque doublée. Le nombre total des voyageurs qui s'y rendent durant la saison, depuis juin jusqu'à la fin d'octobre, s'élève à 15,000, quelquefois à 18,000, et comme la plupart y viennent plutôt pour s'amuser que par besoin de se guérir, les dépenses sont considérables, et l'argent apporté dans ce pays dépasse 4 millions. On sera moins surpris de ce chiffre lorsqu'on saura que la seule vente des tricots de laine dits de Barèges, quoiqu'ils se fabriquent plus particulièrement à Bagnères, s'élève, chaque saison, à la somme de 3 à 400,000 francs.

## § III. Département de la Haute-Garonne.

### Bagnères-de-Luchon.

Des établissemens d'eaux thermales sulfureuses, Luchon, sans aucun doute, est appelé à devenir le premier et le plus grandiose du monde. Nulle part ailleurs, en effet, ne se trouve mieux réuni tout ce qu'a pu créer la volonté de Dieu et inventer le génie et la science de l'homme pour la santé, les plaisirs, l'élévation et les distractions de l'esprit des pauvres malades ou des touristes.

Bagnères-de-Luchon n'est pas une petite bourgade, un village enfoui au milieu de vallées tristes et profondes, c'est une ville de 3 à 400 maisons, renfermant 3,000 âmes et pouvant donner à la fois des logemens pour autant de malades. Entourée des plus hautes montagnes, des merveilleuses beautés de cette chaîne, elle occupe un vallon délicieux par sa fraîcheur, son climat, sa luxuriante végétation. La variété des sources, leur sortie à diverses hauteurs du flanc de la montagne de Super-Bagnères, leur volume si considérable qu'elles formeraient, en les réunissant, une véritable rivière d'eau thermale....., ont permis d'établir à Luchon tous les modes balnéaires connus.

Ces bains furent très suivis dans l'antiquité; les soixante-deux autels votifs, les vieux débris de piscines et de baignoires romaines prouvent qu'ils jouissaient d'une grande célébrité au temps où Rome avait porté partout ses armes et sa civilisation. La ville date du x^e siècle, et une voie romaine conduisait de l'ancienne *Lugdunum convenarum* (Saint-Bertrand) à ces thermes. Mais les guerres des Goths, des Francs et des Sarrazins couvrirent tellement ces sources de ruines, qu'elles restèrent dans un profond oubli pendant plusieurs siècles, et que leur restauration moderne est postérieure à celle de Bigorre, de Cauterets et même de Barèges.

Au milieu du siècle dernier, elles n'étaient fréquentées que par les habitans des vallées voisines. Les malades s'y rendaient par un mauvais sentier suspendu sur les abîmes et s'y baignaient pêle-mêle dans des réservoirs creusés dans le rocher même. Vers 1754, un seigneur des environs, attiré par le bruit de leurs succès, y trouva la guérison la plus heureuse. La reconnaissance le porta à les recommander chaudement à l'attention et à la générosité de M. d'Estigny, intendant d'Auch et de Pau. Ce véritable restaurateur des eaux des Pyrénées, qui pressentait tout l'avantage que trouveraient un jour au rétablissement de ces bains la santé des malades, la fortune de l'État et l'avenir des provinces confiées à sa haute administration, leur accorda le plus vif intérêt. Après les avoir visitées en 1759 et avoir constaté par lui-même leurs nombreuses cures, il les appuya fortement auprès du duc de Richelieu, gouverneur de la haute et basse Guyenne, et même auprès de Louis XV par l'entremise de son médecin. Le chimiste Bayen et Richard, pharmacien en chef de l'armée, y furent envoyés pour faire l'analyse des sources. A la suite du rapport extrêmement remarquable de ces deux savans, des fonds furent alloués pour leur réparation. Dès 1761, le célèbre Campardon était attaché comme médecin à la surveillance de ces thermes, et, en 1765, M. d'Estigny faisait exécuter la route de Montrejeau à Luchon, et celle de Montrejeau à Bigorre, de manière à mettre ces deux localités thermales en communication directe.

Vers la même époque, il faisait ouvrir et planter la belle allée des bains, qui porte son nom. Croirait-on qu'il fallut protéger, par une compagnie de dragons, l'exécution de cette magnifique promenade, qui a concouru si puissamment à l'embellissement de ces eaux et à la fortune des habitans. Les Luchonnais, blessés dans leurs intérêts par une mesure qui partageait ainsi leurs terres et en enlevait quelques parties à la culture, voulaient lapider M. d'Estigny en place publique. Mais ajoutons que, depuis, ils ont cherché toutes les occasions de réparer ce manque à la reconnaissance et de faire oublier ce peu d'intelligence de l'avenir de leur pays.

Les thermes de Luchon devinrent en grande faveur à la cour. Ils furent visités, entre autres personnages, par le duc d'Aiguillon, M$^{me}$ de Pompadour, le prince et M$^{lle}$ de Rohan, la princesse de Lorraine, le duc de Choiseul, etc..... Depuis lors, la renommée de ces bains s'est constamment accrue. Mais c'est à Napoléon I$^{er}$ que Luchon doit son premier établissement thermal. Élevé en 1805, il fut en partie détruit par un incendie vers 1835 ; en outre il était devenu insuffisant pour l'affluence des baigneurs.

La ville de Luchon, à laquelle ces eaux appartiennent, s'est imposé d'immenses sacrifices pour placer ces thermes au rang qu'ils doivent occuper un jour dans l'univers. Elle chargea M. François, savant ingénieur des mines pour les départemens de l'Aude et des Pyrénées-Orientales, de faire des fouilles, d'ouvrir des galeries jusque dans les profondeurs de la montagne, afin de rechercher les sources à leur sortie du granit, et les mettre, ainsi, à l'abri des infiltrations pluviales et du mélange avec les eaux ordinaires. Ces travaux, évalués à 200,000 francs, ont été conduits avec un immense talent, et exécutés avec un rare bonheur. Au lieu de 11 sources que possédait autrefois Luchon, les thermes en possèdent aujourd'hui 38, donnant ensemble plus de 600 mètres cubes d'eau minéro-thermale en 24 heures. La seule source de la Reine peut fournir 1,700 bains par jour. De plus, la ville a voté une somme de 500,000 francs pour élever un gigantesque établissement thermal, aujourd'hui presque terminé ; 80 cabinets de bains et 2 piscines sont déjà livrés aux baigneurs. Cette construction, vraiment monumentale, aura plus de 100 mètres de développement ; elle renfermera 32 buvettes, dont 21 seront rangées sur un même pallier et 11 dans un autre galerie; 8 salles différentes renfermeront chacune 10 cabinets de bains, 4 piscines, une étuve et une grande piscine de gymnastique et de natation. Le plan en est dû à M. Chambert. La commune fit également faire, à ses frais, l'analyse des sources, par M. Filhol, professeur distingué de la Faculté de Toulouse.

Enfin l'industrie privée, comprenant la voie prospère que ces longs sacrifices ouvrent à Luchon, a fait construire de nombreux hôtels sur le cours d'Estigny. Leur élégance, leur confortable et surtout leur situation plus belle et plus rapprochée des bains, les feront toujours préférer aux anciens logemens de la ville. Ce nouveau quartier peut à lui seul loger près de 2,000 malades.

En 1829, le nombre des baigneurs fut de 1,200 ; en 1833, de 1,600 ; en 1843, de 4,000 ; aujourd'hui, c'est-à-dire après un intervalle de dix autres années, ce dernier chiffre est doublé ; il y a constámment à Luchon 2,000 étrangers, et le nombre total dans la saison est de 8,000. L'an dernier, pendant les mois de juillet et d'août, il a été donné jusqu'à 1,000 bains par jour et 300 douches ; l'abondance des sources permet d'en fournir jusqu'à 3,000 par vingt-quatre heures. La ferme, qui était autrefois de 22,000 francs, s'élève aujourd'hui à 47.300 francs, et les fermiers sont, en outre, chargés des réparations et de la fourniture du linge nécessaire aux baigneurs. Sans tenir compte de l'argent apporté par les touristes, qui ne négligent jamais ce point central de la chaîne pyrénéenne, on ne peut pas évaluer à moins de 2,500,000 fr. l'argent que ces eaux attirent dans le pays. Luchon a donc su semer pour recueillir !

### § IV. DÉPARTEMENT DE L'ARIÈGE.

#### AX.

Cette ville est bâtie sur un véritable lac souterrain d'eaux thermales sulfureuses. Nul autre point des Pyrénées ne présente des sources hépatiques aussi nombreuses, aussi chaudes, aussi abondantes, et souvent encore une fouille un peu profonde amène la découverte d'une source nouvelle. On en compte en ce moment 53, offrant depuis 21 degrés de chaleur jusqu'à 77 degrés centigrades, et déversant chaque jour une prodigieuse quantité d'eau thermale dans les gaves de Merens, d'Orlu et d'Ascou, entre lesquels se trouvent leurs griffons. Les indigens se servent de la source des canons à 77 degrés, pour cuire des œufs, leurs légumes, blanchir leur linge, etc., etc.; et pourtant l'importance des bains d'Ax n'est pas en rapport avec cette richesse hydro-thermale.

En effet, s'il n'est pas démontré que ces sources aient été connues des Romains, titre de noblesse généralement fort recherché des thermes pyrénéens, il est certain que la ville d'Ax existait en 609, et que vers l'an 1,200 on y construisit le grand bassin des Lépreux ou Ladres, uniquement employé aujourd'hui aux usages économiques les plus vulgaires : lessive, lavage des laines, etc. En 1260, les comtes de Foix firent élever, à côté de ce bassin, un hôpital pour les personnes atteintes de la lèpre, maladie rapportée en France par les croisés, et alors contagieuse. Dès 1756, un inspecteur, M. Sicre, fut attaché à la surveillance de ces eaux; mais la construction du premier établissement ne remonte qu'à 1780; ce fut le *Couloubret*. Les heureux résultats de cette entreprise engagèrent le même propriétaire, M. Rivière-Boulié, à fonder, en 1800, le *Teich*, qui fut reconstruit, en 1844, sur un plan assez élégant. Une légitime concurrence porta M. Sicre, en 1820, à bâtir le *Breil*. Puis, peu à peu, au lieu de maisons noires, basses, situées dans les rues étroites et sombres d'Ax, de beaux hôtels se sont élevés à l'entrée de la ville, et forment un quartier neuf où arrivent abondamment l'air et le soleil.

Assurément, ces quelques efforts, ces sacrifices pécuniaires impérieusement réclamés par les besoins des temps, ont empêché les malades circonvoisins d'aller chercher aux autres établissemens des Pyrénées le confortable et les progrès faits dans l'application des moyens balnéaires nouveaux; ils ont même contribué à augmenter sensiblement la clientèle de ces thermes, car, au lieu de 600 malades, Ax, aujourd'hui, en reçoit, chaque année, plus de 2,000. Mais, nous le répétons, ces résultats n'ont pas atteint la proportion à laquelle ces bains doivent prétendre. Des sources aussi nombreuses, aussi remarquables, et qui ont eu l'honneur d'être analysées par les Venel, les Bayen, les Chaptal, les Lonchamp, les Fontan, etc., etc., devraient attirer des baigneurs des pays les plus lointains; enfin, avec une situation si riante au milieu des grandes Pyrénées, une nature si grandiose, une étendue qui permettrait de loger 2,000 malades à la fois, Ax devrait être placée au premier rang parmi les établissemens que nous étudions. Ne faut-il pas rechercher la cause de ce peu de développemens dans cette circonstance, déjà signalée à l'occasion des eaux de Cauterets, que les trois établissemens appartenant à des particuliers n'ont pas reçu toutes les améliorations qu'auraient pu leur donner l'État, la commune ou une compagnie ?

Depuis quelques années, il est question de former une société par actions pour réunir ces établissemens dans la même main, et, en confondant ainsi leurs intérêts, éteindre la concurrence, peu avantageuse, qu'ils se font entre eux. Nous ne saurions trop approuver cette excellente pensée, d'autant meilleure même, qu'elle nous semble offrir le seul moyen de réunir les capitaux nécessaires à placer cette mine d'eaux thermales au rang qu'elle mérite. L'aménagement des sources, en effet, laisse beaucoup à désirer ; mieux captées et mieux conduites, leur action thérapeutique serait bien plus certaine et leurs cures bien plus brillantes. La commune, de son côté, comprendrait qu'elle doit s'imposer des sacrifices pour les plaisirs des baigneurs et les agrémens du séjour, mobiles puissans pour beaucoup de gens dans le choix d'une source.

Dans le fort de la saison, on ne donne pas plus de 600 bains par jour, le nombre annuel des baigneurs est d'environ 2,500, et l'argent laissé dans la ville ne dépasse pas 400,000 francs. Avec des améliorations convenables, ces chiffres, dans quelques années, pouraient être quintuplés.

### § V. Département des Pyrénées-Orientales.

Il nous reste à parler des eaux minéro-thermales des Pyrénées-Orientales. Dans ce département, les sources chaudes, sulfureuses, sourdent presque à chaque pas. Peu connues encore des médecins de Paris, elles sont en grande faveur auprès de l'École de Montpellier, des départemens du midi de la France et des provinces du nord de l'Espagne. Les imposantes montagnes du sein desquelles elles sortent, le délicieux climat sous lequel elles coulent, la riche végétation qui les ombrage, l'abondance de leurs eaux, l'immense variété de leur thermalité et de leur sulfuration, etc., auraient dû leur acquérir une réputation non moins grande et non moins méritée que celle des sources de la portion occidentale de la chaîne. Mais la vogue a depuis longtemps presque exclusivement établi son courant vers cette dernière partie des Pyrénées. Les touristes, les savans, bornent presque toujours leurs excursions et leurs études aux trois premiers départemens, de cette frontière ; deux fils de Louis-Philippe, le duc de Nemours en 1839 et le duc de Montpensier en 1843, n'ont pas eux-mêmes échappé à cet entraînement général. Cette préférence est d'autant plus injuste, selon nous, que le département des Pyrénées-Orientales, sous son climat et son ciel d'Espagne, résume dans sa petite étendue les merveilles de la chaîne.

Le peu d'extension, à laquelle fut longtems bornée la réputation de ces bains, doit-être attribuée à leur éloignement de la capitale, à la lenteur apportée dans la confection des routes de ce département, au petit nombre de publications faites sur ces thermes et peut-être aussi à cette circonstance, que les sources, appartenant exclusivement à des particuliers, les communes ou l'état ne pouvaient appliquer les ressources puissantes dont ils disposent à l'érection d'établissemens qui ne leur offraient aucun intérêt direct. « On a peu fait, dit Anglada, pour les faire valoir et leur crédit ne s'est pas même élevé au niveau de leurs services ; ils ont été plus utiles que vantés. » Les seuls monumens élevés par la science et qui depuis une vingtaine d'années ont réellement commencé la restauration moderne de ces sources sont : le célèbre et consciencieux ouvrage d'Anglada, professeur à la Faculté de Montpellier, travail trop scientifique, peut-être, pour avoir été bien recherché et bien lu de la gent baigneuse , et les savans mémoires de M. Bouis, pharmacien de Perpignan, éminemment distingué, et qui a eu l'honneur de seconder Anglada dans ses excursions hydrologiques.

Mais poursuivons nos études en suivant la chaîne jusqu'à la Méditerrannée.

### 1° Les Escaldes (Agnas Caldas).

Si la ligne frontière entre la France et l'Espagne, reconnue par Louis XIV, en 1662, par le fameux traité signé dans l'Ile-des-Faisans, suivait régulièrement la ligne de faîte des Pyrénées, ces thermes appartiendraient à l'Espagne, car ils sont situés sur le versant méridional de cette chaîne, dans l'imposant bassin connu sous le nom de *Cerdagne.*

Les ruines d'une piscine romaine trouvées sur le griffon de ces sources prouvent leur antiquité. Ces vieilles constructions étaient encore dans un état de conservation assez remarquable, en 1650, pour que Marca ait pu leur donner l'épithète de somptueuses. Mais, en 1687, ces bains ne consistaient plus qu'en un *lavacrum*, à côté duquel se voyaient encore quelques traces du *sudatorium*. Cette grande piscine, ouverte de toutes parts, et la source principale qui l'alimentait, appartenaient à l'État; c'est par cette raison que ces eaux furent visitées et éprouvées par les deux savans chimistes Bayen et Venel, en 1754. .Quelques misérables habitations, élevées autour des sources et formant le village des Escaldes, servaient à loger les baigneurs. Leur situation, pour ainsi dire en dehors de la France, tant l'accès à travers les montagnes en est difficile et même impossible pendant plusieurs mois de l'année pour les habitans de ce pays, engagea l'État à aliéner tout ce qui lui appartenait. Alors, en 1772, le roi donna en fief ces sources et toutes leurs dépendances à Joseph Carrère; mais ce médecin, quoiqu'il eût été nommé l'année suivante inspecteur-général des eaux du Roussillon, les abandonna pour aller se fixer à Paris. Elles restèrent dans leur fâcheux état jusqu'à ce que M. Colomer, devenu propriétaire, fit bâtir, en 1821, un établissement sur les ruines de la piscine. Le succès qui vint couronner son entreprise porta M. Merlat à construire également sur les sources qu'il possédait. Ces deux établissemens furent longtemps rivaux, mais ils ont été réunis, ainsi que la cabane élevée sur la source dite Tartère Margail, en une seule propriété, par M. Giralde d'Err. Ce riche Espagnol, comprenant bien les besoins de l'époque, ne craignit pas de faire de grands sacrifices pour donner aux sources un meilleur aménagement et une distribution mieux entendue. Une nombreuse clientèle répondit à ses efforts, au point que, pour loger tous les baigneurs, il fit élever, en 1850, une construction nouvelle et très confortable, puis tracer des promenades et des jardins charmans. De son côté, M. Merlat, dépossédé aux Escaldes, porta son industrie à un kilomètre de ce village, sur les sources de Dorres, qu'il couvrit d'un établissement un peu trop modeste.

Les bains des Escaldes sont donc en grand progrès ; mais ils sont presqu'exclusivement fréquentés par les Espagnols, principalement par les habitans de la Catalogne et surtout de Barcelone, auprès desquels le docteur Pyguillem les a mis en grande réputation. Les malades français s'y rendent en très petit nombre, ayant beaucoup d'autres sources plus rapprochées et plus facilement abordables ; car, quoique le *Guide*-Richard dise qu'on y arrive par la belle route de poste de Foix à Puycerda, celle-ci est à peine commencée : il faudra plus de vingt ans pour lui faire traverser le col de Puymorens et descendre dans la vallée de Carol. Du côté de la France on ne peut encore y parvenir qu'à cheval par ce col de Puymorens ou ceux d'Arcs, des Angles et de la Perche, en venant de Carcassonne ; mais dans quelques années, la belle route impériale de Perpignan à Puycerda, déjà faite jusqu'à Mont-Louis, sera terminée et permettra d'y arriver en voiture.

Le nombre total des baigneurs qui s'y rendent, depuis la mi-juin jusqu'au 15 septembre, est d'environ 700. On pourrait donner, avec la seule source principale, jusqu'à 4,000 bains par jour, car cette source verse 800 mètres cubes d'eau en vingt-quatre heures et forme un véritable ruisseau qui, quelques mètres au-dessous de son griffon, met en mouvement un moulin à foulon. La vie est à si bon marché, et les occasions de dépenses si peu nombreuses, aux Escaldes, que l'argent versé dans le pays ne dépasse pas 100,000 francs.

### 2° Vernet-les-Bains.

Vernet-les-Bains partage, avec Amélie-près-Arles, l'honneur d'avoir établi, pour la première fois en France, des bains où l'on puisse suivre un traitement hydro-thermal toute l'année, et surtout pendant la saison d'hiver. Le beau climat du Roussillon fut sans doute la principale condition de cette heureuse création ; mais il fallait encore, par de nombreux et dispendieux travaux, disposer les eaux thermales de manière à les faire circuler dans des tuyaux autour de tous les appartemens, salles, salons, couloirs, escaliers, etc., et avoir ainsi constamment, dans tout l'établissement, durant la saison rigoureuse, une atmosphère chaude et printannière. Cette disposision, si salutaire dans les affections des organes respiratoires et si précieuse pour les malades des pays méridionaux, valut à Vernet l'honneur d'attirer Ibrahim-Pacha à ses eaux. Le séjour qu'y fit ce prince égyptien, pendant l'hiver de 1846, en fixant l'attention publique générale sur ces bains, contribua puissamment à mettre en renom ce nouveau système, et à mieux faire connaître de la France les nombreuses autres sources thermales des Pyrénées-Orientales.

On n'est pas bien d'accord sur l'ancienneté de ces thermes. Quelques écrivains prétendent qu'ils étaient très en vogue au temps des Romains, et attribuent à ces derniers la construction d'un vieux bâtiment voûté qui couvre encore les sources. D'autres font observer, avec raison, d'après la science archéologique, que l'arc ogival de la voûte de cette salle ne peut être antérieur au xiime siècle. Il n'est pas, en effet, question de ces sources, et, à plus forte raison, d'un établissement thermal, dans l'acte de donation, qu'en 1007, Guifred, comte de Cardagne, et Guisla sa femme, seigneurs de Vernet, firent de leurs droits seigneuriaux et biens au monastère de St-Martin du Canigou qu'ils venaient de fonder. Une tradition plus certaine enseigne que la première mention de ces *eaux* est de l'an 1186, qu'on parle pour la première fois des *bains* de Vernet en 1231, et qu'en l'année 1309, l'abbé de St-Martin fit construire des nouveaux bains près des anciens. C'est donc à ces derniers qu'il faut rapporter la découverte de ces sources et l'érection des premières constructions balnéaires. Le supérieur, en 1377, les afferma par bail amphithéotique, et de semblables baux se renouvelèrent jusqu'au commencement du XVIIIᵐᵉ siècle, où un incendie ruina le bâtiment d'habitation, en endommageant même la grande voûte de l'établissement thermal. A partir de ce sinistre, ces eaux perdirent beaucoup, et la piscine, pendant un siècle, n'attira plus que des malades indigens.

En 1787, l'abbé du monastère les inféodèrent au dʳ Barrera, célèbre médecin de l'Université de Perpignan, pour la somme de 400 livres de droit d'entrée et une rente constituée de 6 livres, avec la faculté de pouvoir prendre, dans les appartenances de l'abbaye, les bois et les pierres nécessaires pour la construction des bains ; mais aussi avec la charge de laisser, à perpétuité, aux habitans de Vernet et de Castell, fiefs du même monastère, la jouissance gratuite des bains. Les thermes ne consistaient alors que dans la vieille construction voûtée, renfermant une piscine de 10 mètres de long, sur 5 mètres de large et 1 mètre de profondeur, avec plusieurs rangs de marches dans tout le pourtour. Barrera fit combler la piscine et élever à sa place 8 cabinets, avec baignoires en marbre du pays. Il construisit, à côté une maison d'habitation, deux bassins à douches, une étuve et un réservoir de réfrigération assez élevé pour obtenir une chute énergique. Ces restaurations et le mérite de cet habile médecin remirent bientôt les bains de Vernet en grande réputation.

A la mort de Barrera, M. Murat, devenu propriétaire de cet établissement, porta à 14 le nombre des cabinets de bains, et fit construire 24 chambres, dont 10 avec cheminées, et un vaste salon.

Mais c'est surtout depuis 1830 que les thermes de Vernet ont pris une extension considérable. Deux anciens commandans du fort de Villefranche, MM. Lacvivier et Couderc, les ayant achetés, consacrèrent des sommes très importantes à leur agrandissement et à leur embellissement. Ils restaurèrent les anciennes constructions, et leur firent ajouter, en 1839, un bâtiment neuf, désigné sous le nom de Saint-François. Les cabinets du vieux bâtiment voûté furent transformés en cabinets d'étuves et de douches : puis des tuyaux furent établis dans tous les appartemens, jusque dans les dépendances les plus accessoires, pour les chauffer lorsque la température extérieure l'exige, en faisant parcourir ces conduits par les sources les plus chaudes et les plus abondantes. Des soupapes permettent même de laisser répandre dans l'intérieur de chaque chambre des vapeurs sulfureuses, de manière que les baigneurs, dont la maladie le réclame, puissent absorber des principes hépatiques avec l'air qu'ils respirent. Ce nouveau mode, pour administrer les principes actifs des eaux minérales sulfureuses, est un précieux adjuvant du traitement balnéaire.

Trois ans avant, en 1836, ils avaient déjà fait élever, sur la source de Saint-Sauveur, une belle construction à trois étages, renfermant 60 lits. Ils couvrirent aussi la source Elisa d'un bâtiment plus modeste, mais non pas sans élégance. Le rez-de-chaussée des deux terrasses, sur lesquelles s'ouvrent quelques appartemens du premier étage, est occupé par 12 cabinets de bains desservis par cette source. Enfin, ces messieurs firent construire une petite chapelle et devinrent propriétaires d'un charmant pavillon bâti à quelques pas de l'établissement de St Sauveur, au milieu de la prairie, par M. Manade, ancien préfet des Pyrénées-Orientales. Ce petit bâtiment désigné, pour cette raison, sous le nom de *Préfecture*, est destiné aux personnes riches qui désirent vivre isolément ou en famille.

L'ensemble de toutes ces constructions est désigné sous le nom d'*Établissement des commandans,* pour le distinguer de celui que fit élever, vers la même époque, M. Mercadère, propriétaire de quelques sources situées sur la rive droite du torrent de Castell, lorsqu'il vit l'heureux développement que prenait la réputation des bains de Vernet. Cet établissement est moins important que le premier ; le bâtiment principal ne renferme que 10 cabinets et le petit pavillon du pré 8. Quoique s'adressant de préférence aux malades moins fortunés, il est cependant monté sur un pied très satisfaisant; mais la température de ses sources étant moins élevé ne permet pas qu'elles puissent servir à chauffer l'intérieur des appartemens. Ces deux établissemens se font une rivalité qui n'est pas toujours de bon aloi; il serait donc très important qu'ils fussent réunis en une seule propriété.

Quoique les agrandissemens et les améliorations que nous venons de signaler ne soient pas sans importance, et qu'ils aient même grandement concouru à la renommée de ces eaux, il y aurait injustice à ne pas reconnaître que Vernet-les-Bains doit la plus grande partie de sa célébrité au puissant patronage du docteur Lallemand, illustre professeur de la Faculté de Montpellier, médecin d'Ibrahim, et depuis quelques années membre de l'Institut.

Le nombre des baigneurs, qui ne s'élevait pas à plus de 5 à 600, est, depuis 1846, plus que doublé. L'établissement des Commandans peut loger 150 personnes, et celui de M. Mercadère une soixantaine. Le volume des sources permettrait de donner, dans les deux établissemens, de 6 à 700 bains par jour. L'argent, apporté par les malades de France et d'Espagne, dépasse 200,000 francs.

### 3° Molitg.

Molitg est le Barèges des Pyrénées-Orientales; ses eaux, en effet, réussissent merveilleusement dans les affections dartreuses. De précieuses qualités, qu'on trouve rarement réunies, devaient naturellement conduire, de bonne heure, à cette heureuse application médicale. Elles sont, en effet, si douces, si onctueuses, qu'elles laissent sur la peau, au sortir des bains, comme un enduit savonneux; leur température est si bien en rapport avec celle du corps humain, qu'on les prend à la sortie du griffon, sans refroidissement préalable; enfin, leur abondance est si grande, qu'on les laisse couler dans la baignoire tout le temps du bain, de sorte que le corps du malade se trouve ainsi plongé dans une véritable eau courante.

Tandis que presque tous les thermes du Roussillon furent très anciennement connus, comme le prouvent les constructions antiques que beaucoup conservent encore, la découverte des eaux de Molitg ne paraît pas remonter au-delà de 1750. Le docteur Carrère, professeur à l'Université de Perpignan, est le premier qui en parle dans son *Traité des eaux minérales du Roussillon*, publié en 1756; il les vantait déjà beaucoup. Ces bains consistaient alors en une espèce de piscine, ou mieux de grande baignoire creusée dans le rocher, et qu'abritait un toit de planches. Ils restèrent dans cet état jusqu'en 1785, quoique, durant cette période, les eaux aient été analysées, en 1754, par Bayen et Venel, et en 1783, par Anglada père, professeur à l'Université de Perpignan, et intendant de ces eaux.

Sur les instances de M. Raymond de St-Sauveur, intendant de la province, le marquis de Llupia, seigneur de Molitg et propriétaire des quatre sources principales, fit élever un petit bâtiment carré, renfermant une chambre d'attente et trois cabinets voûtés, chacun abritant une piscine nouvelle; car l'ancienne restait pour les bains gratuits, auxquels avaient droit tous les habitans des communes de Molitg, Compone et Mosset. Cette construction fut livrée aux baigneurs à la saison de 1786. Dans la suite, ces bains collectifs, ayant peu à peu perdu leur faveur, au point même qu'ils étaient proscrits partout, furent remplacés, en 1813, par six baignoires; mais le nombre des baigneurs augmenta tellement, qu'elles devinrent bientôt insuffisantes. Cette prospérité engagea, en 1817, Calt, dit Mamet, de Perpignan, propriétaire d'un petit morceau de terre voisin, sur lequel coulaient d'autres sources sulfureuses, à les couvrir également d'un établissement. Cette concurrence tourna à l'amélioration des bains et au profit des malades, car M. de Llupia, de son côté, fit ajouter à ces thermes une petite construction renfermant quatre autres baignoires. Plus tard, il arrêta cette rivalité gênante, sinon préjudiciable à ses intérêts, en achetant les bains Mamet. Mais en 1830, M. de Llupia fils, seigneur espagnol, ayant fait mettre en vente toutes ses propriétés de Molitg, M. Massia en devint acquéreur. Jusqu'alors, les malades étaient obligés de se loger dans le village de Molitg, distant des sources de plus de 1,000 mètres, et placé dans une situation bien plus élevée. Le nouveau propriétaire comprit combien cette disposition était incommode et nuisait à la prospérité de ses thermes. En effet, l'insuffisance des logemens et des baignoires obligeait beaucoup des derniers arrivés à ne prendre leurs bains que la nuit, et il était peu favorable, parfois même dangereux, au sortir de l'eau thermale, de parcourir, à la fraîcheur de l'atmosphère, une distance de près de vingt minutes, pour remonter à son logement. Il fit donc élever un étage sur les bains Llupia, reconstruire à neuf l'établissement Mamet, en lui donnant trois étages et son nom de Massia, puis augmenter le nombre des baignoires en y introduisant tous les modes balnéaires nouveaux. Enfin, il y a quelques années, il fit faire des fouilles et rechercher la source n° 3, disparue depuis un certain temps. Il fut assez heureux pour la retrouver, et bientôt il la fit couvrir d'un petit établissement appelé Barrera, du nom de l'ancien médecin inspecteur. Ces trois établissemens renferment actuellement 40 baignoires et disposent de 110 lits.

Maintenant qu'une route charmante n'oblige plus les malades à parcourir, à dos d'âne ou de mulet, les 6 kilomètres qui séparent Molitg de Prades, le nombre des baigneurs, qui ne s'élevait qu'à 250 en 1830, et ne donnait à ces bains qu'un produit de 1,800 francs, qui même, en 1835, n'avait fait délivrer par le régisseur que 3,520 cartes de bain, dépasse aujourd'hui 800 et emploie 10,000 bains, pendant les cinq mois que dure la saison thermale ; car, en raison de la douceur du climat de Molitg et de la situation de ces thermes peu avancée dans la montagne, cette saison commence au 1er mai et finit avec les derniers jours de septembre. La facilité de la vie et la modicité des dépenses dans tout le Roussillon, ne permettent pas de porter à plus de 120,000 francs l'argent dépensé dans cette localité thermale.

### 4° La Preste.

Les bains de la Preste, situés au fond de la vallée du Tech, au milieu des plus hautes montagnes des Pyrénées-Orientales, seraient bien mieux appelés *Maison de santé hydro-thermale de la Preste*. Éloignés du petit hameau qui porte ce nom, ces thermes consistent en un seul bâtiment qui renferme et les bains et les logemens des baigneurs. De plus, le propriétaire, M. Hortet, est en même temps médecin, et son affectueuse bonté plus encore que l'intérêt de son établissement , le portent à entourer de son savoir éminent et de la plus vive sollicitude les malades qui viennent demander la santé à ses eaux. Pour jardin, pour parc, les baigneurs ont tout le délicieux paysage qui les entoure : imposantes montagnes, bois ombragés, prairies vertes et riantes, frais ruisseaux, bruyantes cascades, etc., etc. Les impotens causent et jouent, les moins infirmes parcourent les sites ravissans ou pêchent la truite dans la Teich ou la Llabane, les plus valides s'aventurent dans les excursions lointaines ; d'autres descendent à Prast-de-Mollo, petite ville à 6 kilomètres de la Preste. Le soir, chacun raconte les plaisirs qu'il a goûtés, les observations qu'il a faites, les nouvelles qu'il a apprises ; enfin on vit là toujours en famille, quoique la petite colonie se renouvelle sans cesse.

Ces bains, situés à une lieue seulement de la frontière, sont plus connus en Espagne qu'en France. On y vient de toute la Catalogne et jusque du royaume de Valence ; cependant, les habitans de l'Aude et de l'Hérault les fréquentent également beaucoup, et nos médecins de Paris, ceux surtout qui s'occupent spécialement des maladies des voies urinaires, commencent à y envoyer leurs malades. C'est que les sources de la Preste, à l'alcalinité des eaux de Vichy, joignent des principes sulfureux très volatils qui sont d'un précieux avantage lorsque la gravelle, la pierre, les engorgemens de la prostate, les maladies des reins et de la vessie, se compliquent de catarrhe. Elles réussissent également très bien contre les faiblesses ou les paralysies de ces organes.

L'éloignement de ces thermes, la difficulté du chemin, qui, malgré les améliorations de MM. Villier du Terrage et Ferdinand de Villeneuve, préfets du département, ne permet encore, à partir d'Arles, de s'y rendre qu'à cheval ou en chaise à porteur (course de six heures pour parcourir ces 30 kilomètres), expliquent pourquoi ces bains n'ont pas pris une plus grande extension et n'ont pas suivi le mouvement de prodigieux accroissement que tous les bains de France, et surtout ceux des Pyrénées, ont fait depuis le commencement de ce siècle.

Qu'on fasse ou non remonter aux Romains la vieille construction, en forme de chapelle voûtée, dans laquelle sont les cabinets de bains, on ne peut méconnaitre que l'existence de ces bains est fort ancienne. Le nom de *Bāns d'als Mazelles* (bain des Lépreux), que porte encore un un trou (espèce de piscine dont les murailles sont en ruines), dans lequel se deverse une source abondante, non utilisée aujourd'hui, prouve que ces eaux furent employées, il y a plusieurs siècles, au traitement des maladies contagieuses, pour lesquelles, après les croisades, on éleva en France tant d'autres établissemens sous le nom de Léproseries.

Les thermes de la Preste appartinrent longtemps aux rois d'Aragon. L'un d'eux, vers l'an 1300, les vendit à la communauté religieuse de Prats-de-Mollo. Celle-ci ne paraît pas avoir beaucoup fait pour leur accroissement, car, en 1776, ils ne consistaient qu'en un simple bassin carré de 25 pieds de côté, avec trois rangs de marches dans son contour intérieur, et renfermée sans doute dans le bâtiment voûté dont nous venons de parler. Le premier logement fut bâti des deniers publics, par les soins de M. Raymond de St-Sauveur, intendant du Roussillon, qui, comprenant déjà quels précieux avantages les eaux thermales offriraient dans l'avenir aux malades et à la fortune publique, eut la gloire d'être le réformateur des bains de la portion orientale de la chaîne, comme nous vîmes M. d'Estigny être celui des bains de la partie occidentale. L'État, qui en devint propriétaire à la Révolution de 93, par suite de la confiscation des biens des communautés religieuses, les vendit en 1813, moyennant 4,000 fr., au docteur Hortet. Ce médecin y fit faire de nombreuses réparations, et surtout de grandes améliorations. En 1830, un des illustres baigneurs de la Preste, notre trop regrettable professeur Richard, appela l'attention de M. le ministre sur la valeur médicale de ces eaux. Le gouvernement témoigna de sa sollicitude, en allouant un encouragement de 1,500 fr. à leur savant et habile propriétaire.

L'établissement renferme 8 baignoires et 25 chambres, qui sont presque toutes occupées depuis juin jusqu'à la mi-septembre. Le nombre annuel des malades est d'environ 200, et celui des bains donnés de 4,000. Des quatre sources, la seule utilisée à un volume d'eau qui permettrait de donner 1,500 bains par vingt-quatre heures. L'argent apporté dans cette petite localité thermale est d'environ 20,000 fr.

### 5° Amélie-les-Bains.

Ces thermes n'avaient pas une dénomination bien déterminée; on les appelait indistinctement : Arles-les-Bains, Bains-près-Arles, Bains-sur-le-Teich; en 1842, une ordonnance royale est venue fixer leur nom sous le désignation d'Amélie-les-Bains.

Ainsi que nous l'avons dit en parlant de Vernet, ces bains méritent l'attention du monde médical, en ce qu'ils sont, avec ceux de Vernet, les deux seuls établissemens de France qui permettent de suivre près des eaux minérales un traitement balnéaire durant l'hiver, tous les appartemens étant chauffés au moyen des sources thermales mêmes, et la température de cette saison n'étant jamais bien rigoureuse dans le Roussillon. Amélie, par sa situation topographique peu élevée (224 mètres au-dessus de la mer), et peu avancée dans les montagnes, par la douceur de son climat, nous a paru un peu plus avantageusement située que Vernet-les-Bains. La vigne et même l'olivier croissent encore au-delà d'Amélie.

Comme à la Preste, comme à Vernet, on trouve à Amélie une vieille construction voûtée que l'archéologie ne fait pas remonter au-delà du XIII^me siècle. Mais d'autres ruines nombreuses et datant des Romains, prouvent évidemment que ces bains durent avoir, du temps de ces vainqueurs du monde, des proportions colossales et une haute importance. Ce qu'il y a de certain, c'est qu'en 786, ils furent concédés par Charlemagne au monastère des Bénédictins de l'ordre de Cluny, fondé à Arles en 778, et que cette donation fut confirmée par les édits de Charles-le-Chauve en 869, et de Louis II en 878. Ils ne consistaient plus alors qu'en une piscine, mais la plus considérable des Pyrénées, car elle n'avait pas moins de 20 mètres de long, sur 12 de large et 2 de profondeur, avec un rang de six marches le long de ses quatre faces. Le fond était fait avec des briques placées de champ, disposées en mosaïque et liées avec du ciment hydraulique d'une telle cohérence, que l'air, les eaux thermales et le temps ne les avaient en rien altérées, lorsque Carrère les visita en 1755. Les autres piscines étaient en ruines ; le bâtiment de l'une d'elles avait été, avant le viii^me siècle, transformé en chapelle, sans autre réparation que le remplissage de la piscine et l'érection d'un autel. Les bains, et les forges construites à la catalane pour l'exploitation du minerai de fer très abondant dans les montagnes voisines, firent peu à peu grouper quelques maisons autour de ce nouvel édifice religieux. Telle fut l'origine du petit village appelé *Bains-sur-le-Teich,* et qui, en 1315, avait acquis assez d'importance pour que la petite chapelle, placée sous l'invocation de Saint-Quentin, fût érigée en paroisse ; aujourd'hui il renferme environ 500 habitans.

En 1781, M. Raymond de St-Sauveur, dont nous ne saurions trop constater la puissante et bienfaisante intervention dans les améliorations des bains thermaux du Roussillon, fit diviser la piscine en cinq bassins, dont un était réservé pour les militaires, puis élever un bain particulier avec douche, appelé *Bain de l'intendant,* et une étuve pour bains de vapeur. La buvette du Manjolet reçut aussi de grandes améliorations.

A la Révolution, cette propriété des Bénédictins passa à la commune des Bains-sur-le-Teich, qui, en 1811, avec un emprunt et une somme de 1,200 francs allouée par le département, fit faire des réparations devenues urgentes et quelques constructions nouvelles. Des cinq bassins de l'antique piscine, deux furent comblés pour y établir quatre cabinets de repos, où les baigneurs pouvaient se retirer à la suite du bain ; des trois conservés, un était toujours réservé pour les militaires. En vertu des dispositions législatives de 1813, ces bains furent vendus au docteur Herma Bessière, qui substitua aux piscines 20 cabinets de bains et 2 réservoirs de réfrigération.

Enfin, le docteur Pujade, devenu propriétaire des sources situées sur le bord du Mandony, fit construire entièrement à ses frais, en 1842, un établissement nouveau, à trois étages renfermant 37 chambres et 23 cabinets de bains, dont quatre sont attenans aux logemens mêmes des malades. Tous les modes balnéaires connus y sont établis, et de plus les appartemens, les couloirs, les moindres servitudes, etc., etc., sont chauffés avec l'eau minérale dont les vapeurs sulfureuses remplissent à volonté l'intérieur, au moyen de soupapes graduées. Nous ne reviendrons pas ici sur les avantages précieux de cette disposition, qui permet aux malades, placés ainsi dans une atmosphère sulfureuse et chaude, d'absorber des principes hépathiques avec l'air qu'ils respirent.

Depuis longtemps, ces eaux étaient administrées avec grand succès aux militaires infirmes. Mais à M. Raymond de St-Sauveur revient l'honneur d'avoir établi à Amélie, en 1783, le premier service pour les soldats malades ou blessés. Cette institution disparut pendant les premières années de nos troubles civils, et fut rétablie en 1793, à l'époque de la guerre avec l'Espagne. En 1825 et 1826, les blessés du Trocadéro et de Cadix y trouvèrent les guérisons les plus heureuses. Mais, jusque-là, cette fondation n'était que provisoire; les guerres d'Afrique déterminèrent le gouvernement à réaliser la grande pensée d'Anglada. L'État, en 1850, fit donc élever, sur la rive droite du Mandony, un établissement magnifique, monumental, pour recevoir 500 militaires, dont 100 officiers. Il est alimenté et chauffé au besoin par deux sources fournissant ensemble 500 mètres cubes d'eau par vingt-quatre heures et qui furent achetées 30,000 francs à M. Herma Bessière. Nulle part ailleurs dans les Pyrénées un semblable établissement ne pouvait être fait d'une manière plus convenable et plus utile. Cette situation est bien préférable à celle de Barèges ou d'Ax ; son accès est plus facile, il est plus rapproché des garnisons de l'est de la France et des troupes nombreuses que la position des Pyrénées-Orientales, sur la frontière et sur la route de Barcelone, exige constamment dans ce département. Il offre surtout à nos soldats de l'Algérie le précieux avantage de trouver à Amélie un climat bien plus en rapport avec celui qu'ils viennent de quitter ; l'abondance des sources permet d'y établir le service de bains le plus large et le plus grandiose ; enfin, la garnison du Fort-les-Bains, située tout à côté, permet d'y assurer le maintien de la discipline, la conservation des fournitures et le service intérieur de ce bel hôpital hydro-thermal. Cette construction coûtera 500,000 francs ; mais, outre les avantages médicaux et humanitaires qu'il présentera aux courageux défenseurs de la patrie, l'État sera amplement dédommagé de ses sacrifices par le bonheur de n'avoir pas à donner les invalides à un aussi grand nombre de ces braves.

Il y a dix ans, le nombre des baigneurs qui se rendaient aux établissemens de MM. les docteurs Pujade et Herma Bessière, atteignait à peine le chiffre de 500, aujourd'hui il est plus que doublé ; l'établissement militaire, de son côté, dépassera ce chiffre. L'argent, apporté chaque année dans le pays, ne peut donc pas être évalué à moins de 400,000 francs. Ces thermes ont devant eux un bel avenir, auquel les nombreuses sources, non encore utilisées, leur permettront toujours de répondre.

## § VI. DÉDUCTIONS.

Des diverses branches de l'industrie, du commerce ou des arts, il n'en est pas qui subissent plus que les eaux minérales les vicissitudes de la nation à laquelle elles appartiennent. En possession d'une grande renommée au temps des Romains, les sources thermales tombèrent dans un oubli si profond à la suite des guerres des Goths, des Sarrazins et des Francs, que plusieurs d'entr'elles furent, pour ainsi dire, découvertes à une époque qui ne date pas de plus de deux siècles. Nous ne les voyons prendre de l'accroissement qu'après la cessation des guerres civiles des xv$^{me}$ et xvi$^{me}$ siècles, et surtout avec la construction des routes en France, sous Henri IV, et principalement sous Louis XIV. Les thermes des Pyrénées ne commencèrent à se développer que sous Louis XV, lorsque plusieurs des intendans des provinces du Midi firent exécuter dans ces montagnes des routes que continuèrent, quoique très lentement, l'Empire, la Restauration et le gouvernement de Juillet. Mais la fréquentation des eaux pyrénéennes resta longtemps bornée aux populations des deux versans de la chaîne ; car, jusqu'au commencement de ce siècle, la circulation était peu rapide et peu sûre sur ces moyens de viabilité. Il y a soixante ans, il fallait plus de temps pour se rendre de Paris à Bayonne ou à Pau, que pour aller aujourd'hui de Paris en Amérique. Cependant, après le traité des Pyrénées, qui termina la guerre de la Succession, la paix mit les eaux grandement en vogue auprès des gens de la cour, des riches seigneurs et des financiers, mais il y venait plus de joueurs et de débauchés que de véritables malades.

Nos désordres civils arrêtèrent cet entraînement si avantageux aux populations indigentes de ces montagnes, comme ils détruisirent la richesse publique et les fortunes privées. Les guerres avec l'Espagne, à la fin du siècle dernier et au commencement de celui-ci, en détournèrent également les malades pour lesquels le calme de l'esprit et la sécurité sont des conditions essentielles de guérison et de voyage. Dans les courts instans de repos laissés par les guerres de l'Empire, les eaux eurent des années fort brillantes. Mais lorsque la paix eut développé la richesse publique, rétabli les fortunes privées, construit des routes nombreuses, creusé des canaux, rendu la circulation plus sûre, en un mot, eut accru de mille manières la rapidité et les facilités du transport, les thermes des Pyrénées prirent, en moins de trente ans, le développement prodigieux que nous leur voyons aujourd'hui ; cet accroissement paraîtrait même incroyable, s'il n'était établi sur des documens recueillis par nous sur les lieux mêmes et puisés aux meilleures sources. En groupant les chiffres fournis par nos études, nous trouvons, en effet, les résultats suivans :

| | | | | |
|---|---|---|---|---|
| Basses-Pyrénées. . . | 6,700 baign. | et | 1,480,000 fr. | d'arg. dépensé. |
| Hautes-Pyrénées. . . | 21,600 | — | 5,850,000 | — |
| Haute-Garonne. . . . | 8,000 | — | 2,500,000 | — |
| Ariège. . . . . . . . | 2,500 | — | 400,000 | — |
| Pyrénées - Orientales. | 5,400 | — | 940,000 | — |

C'est-à-dire un total énorme de 11,191,000 fr. apportés chaque année par 44,200 malades, touristes ou savans ; et remarquons, toutefois, que ce chiffre considérable donne seulement 250 fr. pour la dépense de chaque individu, tandis que beaucoup de malades laissent aux eaux 500 et assez souvent même 1,000 fr.

Dans ces onze millions ne sont pas compris les frais de voyage; si nous en tenions compte, nous verrions qu'en les portant à la faible somme de 50 fr., en moyenne, par personne, plus de deux millions sont répandus sur les diverses routes de France.

L'intérêt que prend le gouvernement au développement de cette branche de la fortune publique, sa sollicitude pour les eaux minérales et pour leur avenir, prouvent qu'il connaît parfaitement l'importance de ces résultats. Elle est d'autant plus grande, selon nous, que ce numéraire va vivifier jusqu'aux plus minimes industries de populations extrêmement besogneuses, pour lesquelles les dépenses faites à leurs eaux sont la seule et véritable moisson.

Ces dépenses, en effet, équivalent :

Dans les Basses-Pyrénées, au 16$^{me}$ du revenu territorial du département.

Dans les Hautes-Pyrénées, aux 5/7$^{mes}$.

Dans la Haute-Garonne, au 12$^{me}$.

Dans l'Ariège, au 29$^{me}$.

Dans les Pyrénées-Orientales, au 8$^{me}$.

Encore devons-nous faire observer que ces études portent exclusivement sur les principaux établissemens thermaux des Pyrénées, tandis qu'il en existe beaucoup d'autres, de moindre importance, pour quelques sources sulfureuses également chaudes, pour des sources sulfureuses froides, des sources salines, des sources ferrugineuses. Ces établissemens ne sont pas sans avoir une certaine clientèle, et leurs produits divers doivent former aussi une somme qui n'est pas sans valeur, et qui accroît d'autant le chiffre de l'argent importé dans ces montagnes. Ainsi pour l'Ariège, par exemple, nous n'avons porté que 400,000 fr. ; tandis qu'en tenant compte des autres établissemens de ce département (Ussac, Carcagnères, Audignac, etc.), le total de la dépense faite à ses eaux minérales est de 650,000 fr., suivant les calculs du d<sup>r</sup> Alibert, médecin-inspecteur des eaux d'Ax.

Les chemins de fer accroîtront sans nul doute cette source de richesse publique; mais les Pyrénées pourront toujours répondre aux nouveaux besoins qu'ils créeront, car beaucoup de sources thermales très abondantes ne sont pas encore utilisées. Il y a, entre autres, aux *Grans d'Olette*, dans les Pyrénées-Orientales, une véritable mine de sources dont la situation, la richesse en calorique et en soufre, la position à des hauteurs différentes sur le flanc de la montagne qui les laisse échapper, leur variété, puisqu'on en compte trente-six distinctes, leur abondance qui permettrait de donner 9,000 bains par jour, sont autant de conditions des plus avantageuses pour faire la richesse du département qui les renferme. Combien ces eaux seraient précieuses pour y créer, en faveur des indigens, un grand établissement à l'égal de celui que l'État a fait construire à Amélie pour les militaires ! Ce serait-là une belle succursale hydro-thermale de tous les hôpitaux de France.

Mais je ne saurais donner, ici, à cette grande question le développement qu'elle mérite, et qui sera mieux placé dans un article sur les eaux, étudiées au point de vue de l'assistance publique. J'en trouverai les matériaux, comme j'ai trouvé ceux de ce travail, dans les études nombreuses que j'ai entreprises, depuis plusieurs années, pour un nouveau *Guide du médecin, du malade et du touriste aux eaux thermales sulfureuses des Pyrénées.*

FIN.



PARIS. — TYPOGRAPHIE ET LITHOGRAPHIE FÉLIX MALTESTE ET C<sup>ie</sup>,
Rue des Deux-Postes-Saint-Sauveur, 22.